El mundo y la ingeniería

Cómo se construye un
barco

Sam Aloian
Traducido por Alberto Jiménez

Gareth Stevens
PUBLISHING

Please visit our website, www.garethstevens.com. For a free color catalog of all our high-quality books, call toll free 1-800-542-2595 or fax 1-877-542-2596.

Cataloging-in-Publication Data

Aloian, Sam.
 Cómo se construye un barc / Sam Aloian, translated by Alberto Jiménez.
     pages cm. — (El mundo y la ingeniería)
 Includes index.
 ISBN 978-1-4824-4378-3 (pbk.)
 ISBN 978-1-4824-4315-8 (6 pack)
 ISBN 978-1-4824-4367-7 (library binding)
 1. Shipbuilding—Juvenile literature. I. Title.
 VM150.A56 2016
 623.82—dc23

First Edition

Published in 2016 by
Gareth Stevens Publishing
111 East 14th Street, Suite 349
New York, NY 10003

Copyright © 2016 Gareth Stevens Publishing

Designer: Samantha DeMartin
Editor: Ryan Nagelhout
Spanish Translation: Alberto Jiménez

Photo credits: Cover, p.1 Photobank gallery/Shutterstock.com; caption boxes stoon/Shutterstock.com; background Jason Winter/Shutterstock.com; p. 5 Nickolay Khoroshkov/Shutterstock.com; p. 7 karnoff/Shutterstock.com; p. 9 Hans Christiansson/Shutterstock.com; p. 11 (double hull) courtesy of The Canadian Association of Petroleum Producers; p. 11 (aircraft carrier) David Acosta Allely/Shutterstock.com; p. 11 (tanker) Lledo/Shutterstock.com; p. 11 (cruise ship) Ruth Peterkin/Shutterstock.com; p. 13 Khrushchev Georgy/Shutterstock.com; p. 15 Bogdan VASILESCU/Shutterstock.com; p. 17 jordache/Shutterstock.com; p. 19 ES3DStudios/Shutterstock.com; p. 20 (tape) Sean MacD/Shutterstock.com; p. 20 (straw) Rakic/Shutterstock.com; p. 20 (scissors) Vladvm/Shutterstock.com; p. 20 (crayon) WachiraS/Shutterstock.com; p. 21 (girl) Serhiy Kobyakov/Shutterstock.com.

Printed in the United States of America

CPSIA compliance information: Batch #CS16GS: For further information contact Gareth Stevens, New York, New York at 1-800-542-2595.

Contenido

Las palabras del glosario se muestran en **negrita** la primera vez que aparecen en el texto.

¡Todos a bordo!

Los barcos son un importante medio de transporte. Los cruceros llevan a miles de personas a través de los océanos hasta soleados lugares de vacaciones.

Las fuerzas armadas utilizan **buques** gigantescos para velar por nuestra seguridad y trasladar aviones de un lugar a otro. Otros barcos transportan mercancías que se compran y se venden en todos los países del mundo.

En la actualidad, los barcos son mucho más grandes y están repletos de **tecnología**, pero se construyen igual que hace muchos años. ¡Pongámonos los cascos protectores y echemos un vistazo a cómo se construye un barco!

Bloques de construcción
Un bote es mucho más pequeño que un barco. Los barcos grandes son capaces de navegar con seguridad en aguas profundas.

Hay muchos tipos diferentes de barcos, cada uno tiene una función en el agua.

Lo primero es flotar

Todos los barcos tienen un objetivo muy sencillo: ¡flotar! Esa capacidad de sostenerse sobre el agua se llama flotabilidad. Un barco desaloja, o desplaza, una cantidad de agua igual a su peso.

Los barcos flotan cuando son menos **densos** que el agua. El peso del agua, sin embargo, también ejerce **presión** sobre los costados del barco. Eso significa que para construirlo, se deben utilizar **materiales** fuertes pero que no sean muy densos.

Bloques de construcción
Una grieta o escape en las paredes exteriores de un barco —el casco— puede provocar su hundimiento.

La flotabilidad empuja el barco hacia arriba, en dirección contraria a la gravedad, la fuerza que atrae los objetos hacia el centro de la Tierra.

gravedad

densidad del barco

densidad del agua

flotabilidad

Madera en el agua

Los primeros barcos eran de madera, material que por lo general flota, es ligero y resistente. Los cascos de los barcos se fabricaban ensamblando piezas de madera y sellando las uniones para evitar escapes de agua que pudieran hundir el barco. Las embarcaciones antiguas utilizaban velas para aprovechar la fuerza del viento; también usaban remos impulsados por tripulantes de constitución fuerte.

El estudio científico de cómo flotan los barcos y cómo se mueven en el agua, ha permitido que en los astilleros se construyan barcos cada vez más grandes y más veloces que los antiguos navíos de madera.

Bloques de construcción

En la actualidad, quienes **diseñan** los grandes barcos se llaman ingenieros navales.

Entre los objetos flotantes más antiguos de la humanidad se cuentan las pequeñas embarcaciones a vela y a remo; los barcos actuales tienen un tamaño muy superior.

Acero y aire

Los constructores navales utilizan ciertos recursos para asegurar la flotabilidad de los barcos aunque estén hechos con materiales pesados. Las dos grandes partes metálicas que componen el casco están llenas de aire. El acero es pesado y resistente, pero el aire es mucho más ligero que el agua, por lo que el barco flota.

Los ingenieros navales trabajan para asegurarse de que los buques no se vuelquen. Las embarcaciones de fondo plano resultan más **estables**, pero las de quilla estrecha navegan con mayor facilidad.

Bloques de construcción

Los ingenieros navales necesitan saber cómo se desplaza la materia sólida en un **fluido** como el agua. El estudio de los fluidos en movimiento se llama hidrocinética, e hidrostática si están en reposo.

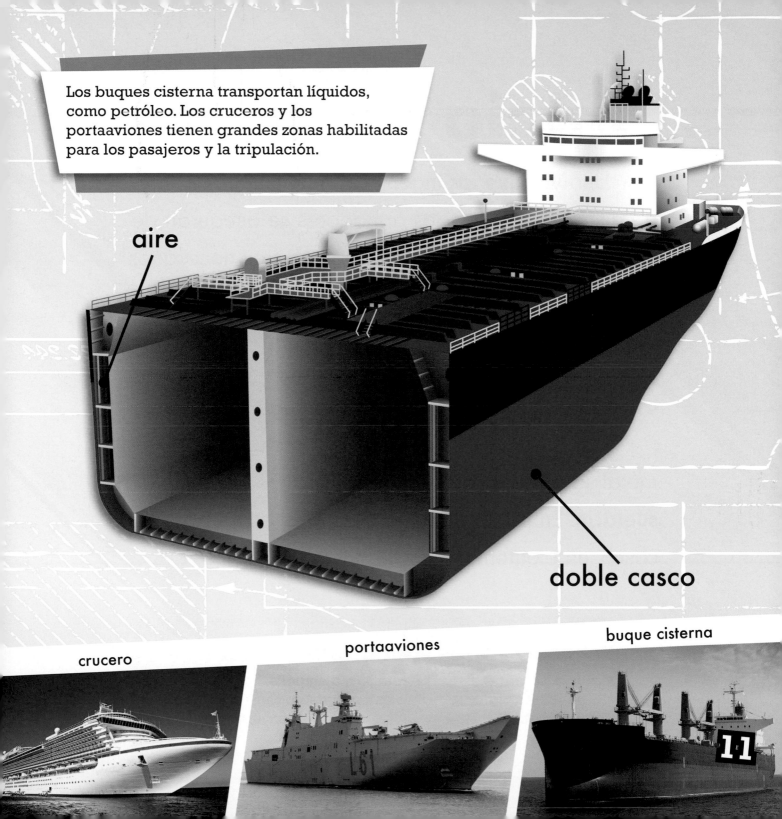

Los buques cisterna transportan líquidos, como petróleo. Los cruceros y los portaaviones tienen grandes zonas habilitadas para los pasajeros y la tripulación.

aire

doble casco

crucero

portaaviones

buque cisterna

11

Inicio en tierra

Una vez que los ingenieros navales terminan de diseñar un barco, los armadores se aseguran de tener todos los materiales y trabajadores necesarios para construirlo. Los barcos grandes se construyen en astilleros que suelen estar cerca del agua, aunque los de menor tamaño inician su vida en tierra firme. Los buques se construyen en el llamado **dique seco**.

Lo primero es el casco. Las grandes piezas de metal se llevan al dique seco, donde se montan y se **sueldan**. En primer lugar se realiza el espinazo del casco, un elemento estructural llamado quilla.

Bloques de construcción

La parte exterior de un casco en construcción descansa contra altas **estructuras** denominadas gradas que le sirven de apoyo; las gradas se hacen con madera y concreto.

Metalúrgicos, soldadores, fontaneros y muchos otros obreros especializados colaboran en la construcción de los barcos grandes.

La botadura

Una vez construido y hermetizado el casco del barco, pero aún sin terminar, se bota, es decir, se echa al agua. Algunos barcos pequeños se botan de lado, pero los grandes buques se botan con la proa (parte delantera) por delante; la popa (parte trasera) es lo último que entra en el agua. El casco se mantiene cuidadosamente equilibrado con cables, cadenas o cabos (cuerdas) mientras entra en el agua para probar su flotabilidad.

Si el casco se ha construido en dique seco, se inunda el dique donde se encuentra, para comprobar que el casco no tiene escape de agua. Una vez que el casco está finalizado y el barco flota, se termina de construir su interior.

Bloques de construcción

Para construir un barco, los ingenieros navales trazan un dibujo a pequeña escala del mismo, es decir, hacen un diseño.

Los barcos en construcción no se botan directamente en aguas abiertas, sino en esclusas cerradas, más seguras.

15

Equipar el barco

El siguiente paso es añadir al barco todo lo necesario para poder navegar. Primero se colocan los motores y el mecanismo de gobierno. A continuación se añaden tuberías, aislamientos, y cadenas y cabos; después se incorporan los revestimientos de las cubiertas que protegerán los niveles inferiores.

Los buques se construyen a menudo por secciones para facilitar el proceso; cuando están casi completos se limpian, se pintan y se dejan atracados para las pruebas finales.

Bloques de construcción

Al igual que en las casas hay habitaciones, en los barcos hay unos compartimentos –camarotes– con baños y camas para el pasaje y la tripulación, a fin de que todos se sientan cómodos a bordo.

Todos los barcos tienen diferentes secciones. Algunas se utilizan para guardar el combustible, mientras que otras las usan los pasajeros para comer y para dormir.

Pasar las pruebas

El paso final de la construcción es someter al barco a importantes pruebas a fin de saber si es **apto para navegar**: se verifica su peso y su estabilidad, y se determina su centro de gravedad para equilibrarlo mejor.

Los barcos pasan además pruebas de velocidad, aumentando lentamente el esfuerzo al que se someten motores y casco en aguas abiertas. Las pruebas que se realizan con los barcos de carga son diferentes a las de los cruceros, pero todos deben declararse aptos para navegar antes de comenzar a prestar su servicio.

Bloques de construcción

Los buques cisterna, diseñados para transportar líquidos, suelen llenarse de agua de mar durante las pruebas en lugar de cargarlos con los líquidos que transportarán cuando estén aptos para servicio.

El armamento de los portaaviones, así como su plataforma de aterrizaje y despegue para aviones y helicópteros, también se somete a pruebas exhaustivas antes de declararlos aptos para el servicio.

Haz tu propio barco

Ahora que ya sabes cómo se construyen los barcos y los buques, es hora de construir uno. ¡Esto es lo que necesitas para hacer tu propio barco!

Materiales:

- crayones

- papel

- tijeras

- pajita o palito para el mástil

- cinta adhesiva

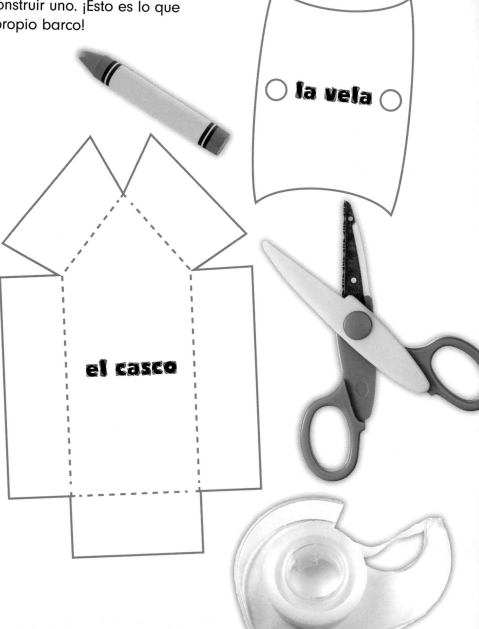

la vela

el casco

Pasos a seguir:

1. dibuja el contorno del casco y la vela en papel
2. córtalos con las tijeras
3. dale forma al casco siguiendo las líneas punteadas (como se ve en el dibujo)
4. pégalo con cinta adhesiva
5. utiliza la cinta adhesiva para hacerlo impermeable
6. pega la vela a la pajita o a un palito para que te sirva de mástil
7. sujeta el mástil al casco con cinta adhesiva
8. ¡A zarpar!

Glosario

apto para navegar: adecuado y seguro para travesías marítimas.

buque: barco grande, por lo general con casco metálico.

denso: muy pesado en relación con el volumen que ocupa.

dique seco: muelle sin agua utilizado para construir o reparar barcos.

diseño: dibujo, generalmente a escala, de un barco u otro objeto.

estable: equilibrado, que no vuelca con facilidad.

estructura: algo construido para dar sostén a una obra.

fluido: materia que fluye y toma la forma del objeto, sosteniéndolo.

material: aquello de lo que algo está hecho.

presión: fuerza que empuja algo.

soldar: unir dos piezas metálicas calentando sus bordes y presionándolos.

tecnología: conjunto de conocimientos y medios técnicos aplicados al desarrollo de una actividad.

Para más información

Libros

Abramson, Andra Serlin. *Ships Up Close*. Nueva York, NY: Sterling Publishing, 2008.

Carr, Aaron. *Cruise Ships*. Nueva York, NY: AV2 by Weigl, 2016.

Smith, Ryan A. *Ships: From Start to Finish*. Detroit, MI: Blackbirch Press, 2005.

Sitios de Internet

Charlestown Navy Yard
nps.gov/bost/learn/historyculture/cny.htm
Aprende cómo se construían los barcos en Charlestown Navy Yard, en Boston.

How to Construct a Simple Boat
instructables.com/id/How-to-Construct-a-Simple-Boat
Aquí encontrarás cómo hacer un barco sencillo y completo.

Index